Tarcila Tommasi, fsp

Mensagens de sabedoria

Paulinas

Dados Internacionais de Catalogação na Publicação (CIP)
(Câmara Brasileira do Livro, SP, Brasil)

Tommasi, Tarcila
     Mensagens de sabedoria / Tarcila Tommasi. – 9. ed. –
São Paulo : Paulinas, 2012.

     ISBN 978-85-356-3183-8

     1. Meditações 2. Sabedoria – Ensino bíblico 3. Vida
cristã I. Título.

12-05298   CDD-248.4

Índices para catálogo sistemático:

1. Mensagens de sabedoria : Vida cristã : Cristianismo 248.4
2. Sabedoria : Mensagens : Vida cristã : Cristianismo 248.4

Citações bíblicas:
Bíblia Sagrada — tradução da CNBB, 2ª ed., 2002.

9ª edição – 2012
5ª reimpressão – 2022

Paulinas
Rua Dona Inácia Uchoa, 62
04110-020 – São Paulo – SP (Brasil)
Tel.: (11) 2125-3500
http://www.paulinas.com.br – editora@paulinas.com.br
Telemarketing e SAC: 0800-7010081
© Pia Sociedade Filhas de São Paulo – São Paulo, 2002

Apresentação

Mensagens são expressões que têm força de gerar vida. Não são simplesmente ideias. O objetivo é partilhar um pouco da experiência do dia a dia.

Cada mensagem revela um valor humano-cristão que contribui para tornar mais feliz quem o vivencia, realizando a pessoa na sua identidade fundamental: "imagem semelhante" a seu Criador.

Os conteúdos têm base numa fonte inesgotável de sabedoria: a Bíblia. Lê-los com atenção e com o coração aberto é o melhor investimento para se qualificar a vida.

As expressões meditadas e assimiladas fazem a Bíblia ganhar vida em você. Por isso, leia atentamente e, quando possível, selecione uma palavra ou expressão para repetir durante o dia. A repetição ajuda a melhorar as atitudes mais profundas.

Com as mensagens de sabedoria, acolha meu desejo de vê-lo sempre mais feliz.

A autora

Meditar
palavras de sabedoria
é fazer um mergulho
no coração de Deus.

O maior
presente que podemos
oferecer a alguém
é aquele que não se vende
nem se compra: o amor.
Deus colocou muito amor
em nosso coração.
A resposta de gratidão consiste
em partilhá-lo.
Somos simplesmente
intermediários nessa missão.
Sem o calor humano, a vida
pode se tornar um deserto.

"Caríssimos, amemo-nos uns aos outros,
porque o amor vem de Deus
e todo aquele que ama
nasceu de Deus e conhece Deus"
(1Jo 4,7).

Se você
quer encontrar a felicidade,
não a procure longe;
ela está muito perto de você.
É preciso descobri-la
nos mínimos detalhes
que compõem
os acontecimentos de sua vida.
A felicidade está nos momentos
positivos do seu dia a dia
e quando você percebe
a mão de Deus
conduzindo os seus passos.
Ela se amplia e se aprofunda
quando é partilhada com outros.

"Dá, Senhor, felicidade aos bons
e aos retos de coração"
(Sl 125,4).

A paz
é o grande dom divino
e, ao mesmo tempo,
a grande conquista humana.
Aqueles que conservam
a paz interior, mesmo em meio
às preocupações
e à agitação da vida moderna,
estão imunizados contra
as doenças nervosas.
E a paz não é algo
que se adquire
de uma vez por todas;
é um dom e uma virtude
que não cessam de florescer.

"Na medida do possível
e enquanto depender de vós,
vivei em paz com todos"
(Rm 12,18).

*D*eus
tudo criou.
Deu, porém, ao ser humano
a liberdade
para encontrar soluções
para os problemas
que ele próprio criou.
Assim, somos responsáveis
pela vida que não curtimos,
pelas boas ações
que não praticamos.
A decisão pertence a cada um de nós.
Não adianta procurar culpados
quando os acontecimentos
dependem da nossa vontade.

"Fostes chamados para a liberdade.
Porém, não façais da liberdade
um pretexto para servirdes à carne..."
(Gl 5,13).

A necessidade
de afeto para a pessoa humana
é semelhante à necessidade
de água para a terra,
de sol para as plantas,
de asas para os pássaros.
Sem afeição,
parecemos um céu da noite
sem o brilho das estrelas.
Todos temos capacidade
para amar e ser amados.
Estas potencialidades
precisam ser desenvolvidas.

"Que o amor fraterno
vos una uns aos outros,
com terna afeição, rivalizando-vos
em atenções recíprocas"
(Rm 12,10).

A transformação
do mundo e da sociedade
começa na hora
em que cada pessoa assume,
responsavelmente, seu papel social,
para a construção do bem comum.
A participação
e a co-responsabilidade
são forças que,
unidas, dão resultados maravilhosos.
A união é uma força irresistível
quando inspirada no bem comum.

"Completai a minha alegria,
deixando-vos guiar pelos mesmos
propósitos e pelo mesmo amor,
em harmonia buscando a unidade"
(Fl 2,2).

*N*unca
é tarde demais
para buscar novos caminhos
a fim de viver de modo
mais útil e aproveitável.
Nunca é tarde demais
para recomeçar
com confiança, fé e amor,
para transformar sonhos
em realidade,
para corrigir imperfeições ou vícios.
Nunca é tarde demais
para levantar a cabeça e o espírito
e aceitar os erros do passado,
buscando novos objetivos
que construam a felicidade.

"Cria em mim, ó Deus, um coração puro,
renova em mim um espírito resoluto"
(Sl 51,12).

A vida
pode ser comparada
a um contínuo encontro:
não só com pessoas,
mas também com situações
boas ou más,
alegres ou tristes,
fáceis ou difíceis.
No entanto,
o encontro mais importante
é consigo mesmo.
Nunca fuja de si mesmo!
No fundo,
você é seu melhor amigo.
E a qualidade desse amor
faz a qualidade de sua vida.

O segundo mandamento é este:
"Amarás teu próximo como a ti mesmo"
(cf. Mt 22,39).

oda
profissão tem suas alegrias
e recompensas,
como também seus espinhos
e dificuldades.
Torna-se vitorioso
aquele que vive sua profissão
como missão.
Não podemos viver sem doar algo
de nós mesmos.
É na gratuidade que somos chamados
a semear
o bem neste mundo.

"Cada um se fartará de bens
segundo as suas palavras"
(Pr 12,14).

*M*uitas
pessoas vivem
com medo do amanhã,
temendo o que lhes poderá
acontecer...
Mas o futuro de cada um de nós
não está nas mãos de outros,
e sim em nossas próprias mãos,
protegidas pelo Pai do céu.
Sábio é quem vive
plenamente o dia de hoje,
com a convicção de que Deus
cuida do seu futuro.

"Lançai sobre Deus
toda a vossa preocupação,
pois ele é quem cuida de vós"
(1Pd 5,7).

*A*quele
que tem esperança
sabe que nenhuma tristeza é eterna.
Sabe que, após a chuva, virá o sol;
que amanhã será outro dia
e poderá ser repleto
de boas surpresas e novidades.
Caminhe com esta confiança:
a fé unida ao empenho pessoal
consegue remover montanhas,
consegue o que ontem
parecia impossível.

★

"Esta é a vitória que venceu o mundo:
a nossa fé"
(1Jo 5,4b).

*D*e nós
depende o futuro do mundo.
Em nossas mãos
estão os meios para torná-lo
mais justo e mais feliz.
Quanto mais generosos formos,
maiores oportunidades daremos
aos que precisam
de ajuda para sobreviver.
Quem pratica o bem
beneficia os outros e se enriquece
com a alegre satisfação de ser útil.

★

"Quem é generoso será abençoado,
pois repartiu seu pão com o pobre"
(Pr 22,9).

A sabedoria
da vida se aprende
com o passar dos anos,
sempre em pequenas doses,
a fim de digerir lentamente
as experiências... e, um dia,
poder usufruir desse depósito
armazenado no subconsciente.
É próprio da pessoa sábia
conceituar a si mesma e aos outros
não pela idade
mas pela sabedoria acumulada.

★

"É melhor a sabedoria
do que a força..."
(Ecl 9,16).

A grandeza
do ser humano não consiste
em sua superioridade ou fama,
mas em sua personalidade,
marcada por ações
de bondade e de amor.
O calor humano contagia sempre,
provoca transformações
no coração do próximo.
Sem dúvida,
o amor é o principal remédio
para diminuir a violência,
a fome, a miséria.
E esse recurso você sempre
pode ter à disposição.

"O amor é paciente.
Desculpa tudo, crê tudo,
espera tudo, suporta tudo.
O amor jamais acabará"
(1Cor 13,4.7.8a).

A melhor herança
que os pais podem deixar
a seus filhos
são as lembranças de um
harmonioso
e feliz convívio familiar.
A família é a pedra fundamental
de um grande edifício,
que deve ser construído
com amor e carinho.
Vale a pena investir
todo o empenho possível
nesse objetivo e não desanimar
diante das dificuldades.

"Em ti (Abraão) serão abençoadas
todas as famílias da terra"
(Gn 12,3b).

$\mathcal{N}$a vida
concreta,
não basta saber ou querer;
precisamos realizar nossos objetivos
para alcançar as pequenas
ou grandes vitórias.
Não são as palavras bonitas
e promissoras que convencem,
mas o testemunho da ação.
Este não necessita de comentários.

★

"É muito melhor não prometer
do que, depois da promessa,
não cumprir o prometido"
(Ecl 5,4).

A pessoa
que deseja conhecer
o sentido das coisas e,
especialmente, o sentido
de sua existência
sempre merece respeito.
Temos de realizar nossa vida
em plenitude.
Dentro de cada um de nós
existe a força e a potencialidade
para isso.
É preciso acreditar na vida
e pôr-se do lado dos que lutam
a favor dela.
Tem consciência tranquila somente
quem respeita e valoriza a vida.

Afirmou Jesus: "Eu vim para que tenham
vida, e a tenham em abundância"
(Jo 10,10).

Até o fim
de nossa existência
podemos aprender e reaprender.
Sempre há alguma coisa
para se descobrir,
porque ninguém,
por mais sábio que seja,
conhece tudo a respeito
de todos os assuntos.
Especialmente na "escola da vida"
temos muito o que aprender:
nessa faculdade
seremos "eternos alunos".

Afirmou São Paulo:
"Aprendi a viver em toda
e qualquer situação..."
(Fl 4,12b).

*I*mportante
na vida é aprender
a arte de valorizar-se.
Não se consegue valorizar os outros
sem primeiro dar valor a si próprio;
não se consegue confiar nos outros
sem primeiro crer em si mesmo.
Não se tem condições
de cativar alguém,
se primeiro não houver
amor-próprio.
É preciso amar-se para viver em paz
com a vida e com os outros.

"Mais vale o bom nome
do que muitas riquezas;
acima do ouro e da prata,
o bom acolhimento"
(Pr 22,1).

*M*uitas vezes,
talvez, você ouviu dizer:
"Desculpe, não tenho tempo!".
Isso significa
deixar-se levar pela pressa.
Mas, se você quer evitar o estresse,
viver sem enfartes,
saiba parar para escutar o outro
ou dizer uma palavra de conforto;
saiba dedicar um tempo
para criar laços de amizade.
Comece a fazer isso em sua família
ou em sua comunidade.

"Cada um se alegra
com a resposta que dá,
mas a palavra oportuna é a melhor"
(Pr 15,23).

Até as pessoas
mais fortes
precisam do apoio de outras
para poderem alimentar
seu realismo e suas esperanças.
Nem sempre conseguem
carregar sozinhas
alguns "pesos" da vida.
É normal, às vezes,
pedir apoio ao outro,
contar com sua amizade.
É assim que se superam
as dificuldades e as crises.
É importante você prestar seu apoio,
como, em outras ocasiões,
deixar-se ajudar por alguém...

"Há amigos mais fiéis que um irmão"
(Pr 18,24b).

*A calma
sempre foi
o melhor início
para o diálogo.*

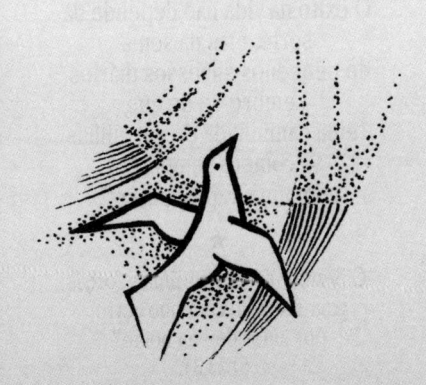

Trabalhar
com prazer é uma atitude
imprescindível
para quem deseja
decolar no caminho do sucesso
e manter a saúde.
Quem gosta do que faz
tem satisfação no trabalho
e não sente o peso das dificuldades.
O êxito na vida não depende da
sorte, mas da soma
de pequenos sucessos diários.
Lembre-se de que
"uma caminhada de mil milhas
começa sempre
com um simples passo".

"O Senhor restaura minhas forças,
guia-me pelo caminho certo,
por amor de seu nome"
(Sl 23,3).

*H*á pessoas
que vivem
em função do dinheiro,
na busca de prosperidade,
como se isso fosse a resposta
para o anseio de felicidade
que todos sentimos.
Enganam-se, porque esquecem
a dimensão eterna do ser humano,
o anseio pelo absoluto
que vive enraizado
em nosso coração.
Já Agostinho de Hipona constatava:
"Nosso coração anda inquieto,
até não repousar em Deus...".

"A raiz de todos os males
é o amor ao dinheiro.
Por se terem entregue a ele,
alguns se desviaram da fé
e se afligem com inúmeros sofrimentos"
(1Tm 6,10).

A magnitude
de uma missão
está na capacidade
de unir as pessoas.
Mais do que nunca,
hoje a humanidade
está suplicando por união.
Em todos os desequilíbrios
há um grito velado de amor;
há mãos se estendendo
em busca de alguém;
há procura de afeto...
Promover a comunhão
entre as pessoas
é o gesto mais nobre e urgente
de que o mundo precisa.

"Não haja divisões entre vós.
Pelo contrário,
sede bem unidos no sentir e no pensar"
(1Cor 1,10b).

𝒰m provérbio
popular diz:
"Quando na vida fecha-se uma porta,
uma outra se abre".
Com frequência, ficamos lastimando
a porta que se fechou
e não vemos a outra
que nos foi aberta.
Amigo, use mais o poder
de sua intuição!
Confie e acredite em Deus:
muitas oportunidades
podem estar se abrindo
para que você aprenda
a vencer na vida.

"Permanecerei em Éfeso até Pentecostes,
pois aqui se abriu para mim
uma porta larga e promissora..."
(1Cor 16,8-9).

A maioria
de nós tem sua moradia,
sua casa.
Entretanto, o mais importante
é transformá-la num lar.
A casa é construída
pelas mãos de engenheiros,
pedreiros, pintores...
um lar é construído pelos corações
dos seus moradores.
Compartilhe o amor e o afeto
na vida familiar;
deixe-os ser sinceros
e espontâneos.
Amor verdadeiro nunca envelhece!

"Pai dos órfãos e defensor das viúvas,
assim é Deus na sua santa morada"
(Sl 68,6).

*H*ouve tempos
em que era comum
acreditar que toda pessoa teria
seu nome escrito no céu,
cujo significado era a missão
de sua vida.
Na realidade, cada um de nós
tem uma vocação e a vida nos é dada
para desenvolvê-la...
A satisfação e a alegria de viver
crescem quando você procura
adquirir uma atitude adulta
em relação à vida.
Conhecer-se e afirmar-se como pessoa
é fundamental para ser você mesmo
e viver sua vocação.

"Há diversidade de dons...
de ministérios... diferentes atividades,
mas é o mesmo Deus
que realiza tudo em todos"
(1Cor 12,4-6).

*C*erta vez,
perguntaram a um sábio:
"Qual é, para você,
a coisa mais difícil do mundo?".
Ele respondeu:
"Aconselhar a si mesmo".
Na verdade, autodeterminar-se
significa
ser senhor de seus atos,
orientar bem os próprios impulsos,
as raivas e o ciúme.
Administrar bem os próprios
sentimentos
é mais importante
que governar uma cidade.

"Não vos vingueis de ninguém...
Não vos deixeis vencer pelo mal,
mas vencei o mal pelo bem"
(Rm 12,19 e 21).

Você já analisou
que conceito tem sobre Deus?
Quando o idealizamos dentro
de nossos esquemas humanos,
esta imagem se torna pequena.
Contudo, Deus é maior.
Ele nos ama
mais do que podemos imaginar.
Deus ama a liberdade
e deseja que sua obra
de transformação do mundo seja livre.
Para isso ele quis depender de nós.

★

"O Senhor é bom
para com todos, compassivo
com todas as suas criaturas"
(Sl 145,9).

*P*ela manhã,
ao levantar,
abra a janela de seu quarto
e faça a prece da gratidão.
É a hora adequada para a oração.
Contemple o amanhecer
de um novo dia,
antes que a rotina da vida
disperse seu recolhimento.
Ore assim:
"Agradeço, Senhor, este novo dia.
Sois a luz da minha vida.
Que eu sinta a vossa presença
em tudo o que eu fizer
e nas pessoas que, hoje,
irei encontrar".

"O Senhor é o teu guarda...
O Senhor vai te proteger
quando sais e quando entras,
desde agora e para sempre"
(Sl 121,5 e 8).

*N*ão é fácil
aceitar o sofrimento.
Até a natureza nos ajuda
a entender isso:
quando o jardineiro deseja que as
roseiras produzam mais flores,
poda seus ramos sem tirar
os espinhos dos caules
que permanecem.
Mais tarde, essas hastes brotarão
em folhas e flores.
O sofrimento é uma realidade
da limitada condição humana
e adquiriu novo sentido
com Jesus Cristo:
nossa dor unida à dele tem valor
de redenção e libertação.

"Todo ramo que dá fruto,
ele limpa,
para que dê mais fruto ainda"
(Jo 15,2b).

A experiência da dor
nos faz descobrir
nossa fragilidade.
E, ao mesmo tempo,
é uma oportunidade
para buscarmos
o sentido do sofrimento
e renovarmos
o sentido da vida.

Filho... permanece na justiça.
Sê constante na dor.
Pois é no fogo que o ouro e a prata
são provados.
Crê em Deus, e ele cuidará de ti;
espera nele, e dirigirá os teus caminhos
(cf. Pr 2,1-6).

Viver
é como escrever um livro
com nossos pensamentos,
palavras e atos.
Se alguém fizer de sua vida
um rascunho,
menospreza o maior dom
que recebeu do Criador,
porque pode lhe faltar tempo
para passá-lo a limpo.

★

"Meu filho,
escuta as minhas palavras...
guarda-as no fundo do coração:
elas são vida para os que as encontram
e saúde para todo o seu corpo"
(Pr 4,20-22).

rrar
pode significar aprender.
Ensina a experiência
que não há melhor guia para o êxito
que as lições tiradas
dos próprios erros.
Quem nunca errou certamente
nunca fez coisa alguma.
Com isso,
não pretendo incentivar o erro,
mas simplesmente dizer
que vale a pena
ter compreensão
com os próprios erros
e saber tirar deles uma lição de vida.

"Quem faz voltar um pecador
do seu caminho errado,
o salvará da morte
e cobrirá uma multidão de pecados"
(Tg 5,20).

Se deseja
promover a paz no mundo,
comece a vivê-la
em sua própria casa;
se quer a paz em nosso País,
comece a promovê-la em sua cidade;
se almeja a paz no seu bairro,
comece a dizer
"Bom dia!" a seu vizinho.
"A paz depende
da boa vontade das pessoas",
afirmou o papa João Paulo II.

★

"Felizes os que promovem a paz,
porque serão chamados filhos de Deus"
(Mt 5,9).

A experiência
da vida
ensina que na convivência familiar
e social é preciso,
muitas vezes, "fechar um olho",
mas nunca fechar os dois,
porque existem o bem e o mal.
Viver bem significa ter olhos abertos
para discernir,
distinguir o que realmente
ajuda a crescer na vida
daquilo que o impede de ser
e de dar o melhor de si.

★

"Foge do mal e faze o bem,
para viveres para sempre"
(Sl 37,27).

*A*conteceu
um mistério.
A vinda ao mundo do Filho de Deus
deu-se no silêncio da noite,
à margem da história oficial,
na periferia da cidade,
no coração da terra, numa gruta.
Por que esta opção?
Ele não quis surgir como Deus,
mas como pessoa humana,
solidário conosco.
Com sua atitude,
mostrou que tudo
o que é profundamente humano
é também divino.

"Ele, exlsLindo em forma divina,
não considerou como presa
a agarrar o ser igual a Deus"
(Fl 2,6).

*M*uitas pessoas,
no mundo de hoje,
sofrem por doenças,
conflitos familiares
ou problemas sociais,
econômicos e políticos.
Ah, se pudéssemos despertar
nossa sensibilidade
para escutar, com compaixão,
esse grito da dor humana,
que é o eco
do grito de Deus compassivo!

"Eu vi a opressão
de meu povo no Egito,
ouvi o grito de aflição
diante dos opressores...
Desci para libertá-los..."
(Ex 3,7-8).

Rezar
é iluminar-se em Deus
a fim de ser luz para os outros.
Não basta dizer palavras,
é preciso mergulhar
no coração de Deus.
As pessoas que imergem
na profundidade do oceano
ficam fascinadas
com as belezas que descobrem.
Assim é a oração.
A experiência de Deus
é um mergulho na fonte trinitária
na qual você nasceu pelo batismo:
água viva que continua a sustentá-lo
até a vida eterna.

"Quem crê em mim,
do seu interior correrão
rios de água viva"
(Jo 7,38).

O ser humano
não nasce pronto, completo;
está sempre em devir.
Todas as idades da vida
são importantes;
mas a fase de ouro é aquela
em que se vive
com mais amor e doação.
Não lamente o tempo
pelo fato de ele passar tão depressa,
pois cada minuto pode ocultar
um valor de eternidade.

"A tribulação momentânea acarreta
para nós um volume incomensurável
e eterno de glória...
O que é visível é passageiro,
mas o que é invisível é eterno"
(2Cor 4,17-18).

A oração
é a ponte que nos liga
a Deus e ao próximo.
Mais ainda:
a oração leva-nos a penetrar
nos projetos de Deus,
de modo que comecemos a agir
segundo seus desígnios,
a querer e a amar
o que é da vontade divina.
Você conhece felicidade
maior que essa?
Pois "cada pessoa é um pensamento
de Deus tornado visível",
afirma o documento de Medellín.

"O meu alimento
é fazer a vontade daquele que me enviou
e levar a termo a sua obra"
(Jo 4,34).

*R*espeitar
a pessoa idosa,
compreendê-la em suas
necessidades e limites
significa construir, para você,
um futuro de dignidade e amor.
Os gestos de amor feitos
carinhosamente voltam
em maior medida,
porque Deus vê e recompensa
até o que se faz ocultamente.
A nobreza de uma pessoa
se demonstra no modo como trata
os pequenos e os idosos.

"Orgulho dos jovens é o seu vigor,
como os cabelos brancos
são a honra dos anciãos"
(Pr 20,29).

*A voz do coração
é a que atinge
mais profundamente
os que a escutam.*

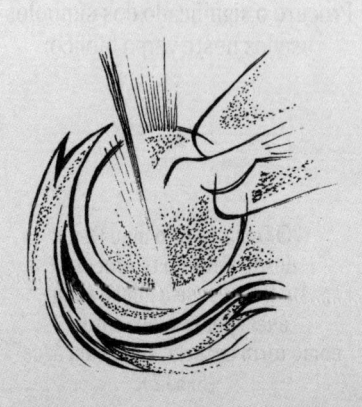

Símbolo
é algo que, por analogia,
nos leva a conhecer
outra realidade.
O símbolo tem valor evocativo,
é revelação, presença, comunicação.
O símbolo permite
chegar ao essencial.
Procure o significado dos símbolos
usados neste verso bíblico:

"Ó Deus, tu és o meu Deus,
desde a aurora te procuro.
De ti tem sede a minha alma,
anela por ti minha carne,
como terra deserta, seca, sem água"
(Sl 63,2).

O calçado
é uma proteção para os pés
a fim de que não sintamos
as agruras do caminho.
Ao mesmo tempo, o calçado
nos impede de sentir,
diretamente, a firmeza
do chão que pisamos.
Assim são as seguranças
que buscamos:
elas nos ajudam e protegem,
porém nenhuma deverá impedir
a nossa liberdade.

"Tira as sandálias dos pés,
porque o lugar onde estás
é chão sagrado"
(Ex 3,5).

O projeto
de Deus para cada um de nós
é o caminho de cada ser humano.
Criados à imagem e semelhança
de Deus Amor,
só o amor-doação preenche
e realiza a nossa vida.
De nada adianta buscar substituições
para satisfazer o vazio.
Amigo, seja autêntico
e sábio na sua procura...

★

"Jesus... tendo amado os seus
que estavam no mundo,
amou-os até o extremo"
(Jo 13,1).

*T*oda mulher
possui uma forte
dimensão maternal.
Realiza esta capacidade
não só gerando filhos,
mas especialmente na oblatividade
à família e aos outros.
O instinto pela vida
faz com que a mulher tenha
uma forte ligação
com o mistério da vida:
este é o segredo da mulher-mãe e,
de modo especial,
da mulher consagrada
ao bem do próximo.

"Maria!
Encontraste graça junto a Deus.
Conceberás e darás à luz um filho,
e lhe porás o nome de Jesus"
(Lc 1,30-31).

53

O valor
de nossas ações
não está no serviço ou cargo
que exercemos.
É o modo como fazemos
ou nos prestamos aos outros
que dignifica nosso trabalho.
Amigo! Para viver feliz,
liberte-se do compromisso
com o sucesso ou com aquilo
que os outros esperam de você.

"Jesus derramou água numa bacia,
pôs-se a lavar os pés dos discípulos
e enxugava-os com a toalha
que trazia à cintura"
(Jo 13,5).

Há pessoas
que se escandalizam
ao tomarem conhecimento
da morte de Jesus Cristo na cruz.
Mas esta é uma realidade:
o mundo tremeu e caiu no silêncio
quando Deus adormeceu na carne
a fim de acordar os que dormiam.
É que a vida só desabrocha
com o testemunho do amor.

★

"Deus, que ressuscitou o Senhor,
nos ressuscitará também a nós,
pelo seu poder"
(1Cor 6,14).

Vivemos
numa sociedade que valoriza,
de modo especial, a juventude
com suas qualidades e vigor.
Os menos jovens
recorrem às cirurgias plásticas
para recuperar o viço
que o tempo lhes roubou.
Mas, com razão
e baseado na realidade da vida,
afirmava o sábio brasileiro
Dom Helder Câmara:
"O segredo da eterna juventude
da alma é ter uma causa
a que dedicar a vida".

"Jesus deu a vida por nós.
Portanto, também nós devemos
dar a vida pelos irmãos"
(1Jo 3,16).

*C*om o passar do tempo,
o acúmulo de atividades
pode nos deixar
condicionados à "pressa"
dos afazeres.
Daí provêm algumas consequências:
dispersão, esquecimento, cansaço,
tensão, estresse...
Até chegamos a esquecer
que o importante não é o número
de trabalhos que fazemos,
mas o amor que colocamos na ação.
Certa dose de calma
sempre ajuda no sucesso
da vida pessoal e profissional.

"O Senhor me faz
descansar em verdes prados,
a águas tranquilas me conduz"
(Sl 23,2).

A palavra
é um dom,
é revelação, é comunicação.
Na Bíblia, Deus fez-se palavra,
aceitando os limites
da linguagem humana,
para que pudéssemos entendê-lo
na sua ação histórica.
E Jesus identificou-se
de tal modo com ela
a ponto de ser chamado
"Palavra de Deus".
Em Jesus ressuscitado,
a Palavra continua, hoje,
viva e eficaz
na comunidade dos cristãos.

"E a Palavra se fez carne
e veio morar entre nós"
(Jo 1,14a).

*D*iálogo interior
é a ligação
entre a mente e o corpo.
Nesta autocomunicação,
é importante que você expresse
aquilo que primeiro passou
pelo seu pensamento.
Se pensar positivamente,
dirá coisas boas;
mas, se não houver controle,
expressar-se-á com palavras
negativas.
Escute seu diálogo interior,
seu pensamento,
só assim você poderá fazer
uma boa comunicação.

"Senhor, penetras de longe
meus pensamentos...
A palavra ainda não me chegou à língua
e tu, Senhor, já a conheces toda"
(Sl 139,2b e 4).

Somos
habituados a acreditar
que o sol existe,
mesmo quando não aparece
ou não brilha nas manhãs
de nossa existência.
Quando estiver envolvido
pela noite da angústia
ou pela perda do sentido da vida,
creia que Deus escuta sua súplica,
mesmo que sua oração seja
um grito de dor
ou um silêncio sufocado. Creia!

"Dentro da barriga do peixe,
Jonas dirigiu ao Senhor esta oração:
'Na minha angústia invoquei o Senhor
e ele me atendeu'..."
(Jn 2,2-3).

*D*iante da violência
que hoje deflagra a sociedade,
de guerras fratricidas, catástrofes
e desequilíbrios da natureza,
você, talvez, já tenha se questionado:
"Onde está Deus em tudo isso?".
Você tem razão em procurar
a presença divina
no mundo que ele criou,
revelando assim o que sua fé
ainda não descobriu.
Você considera a sombra como a
prova da existência do sol,
não é mesmo?
Assim é a fé: faz ver o invisível.

"Esta é a vitória que venceu o mundo:
a nossa fé"
(1Jo 5,4b).

"*O* agradecimento
é a memória do coração",
diz o provérbio.
De fato, ninguém resiste a uma
pessoa sinceramente agradecida.
Gratidão pela vida,
pela família que temos,
pelos amigos, pelo trabalho
que desenvolvemos,
pelas possibilidades de que
dispomos, pela natureza que
contemplamos,
pelo ar que respiramos, pela água
que nos dessedenta,
pelo sol que nos aquece,
pela vida que continua a cada dia.
Obrigado!

"Sede agradecidos"
(Cl 3,15b).

*C*onstata-se,
com frequência,
que não há quem não tenha
algum grau de ansiedade.
É um fator humano, sem dúvida.
A preocupação por tudo que nos cerca:
a família, o trabalho, a sociedade,
problemas de todo gênero,
tudo nos envolve...
Mas não nos deixemos condicionar:
Deus é maior!
Muitas situações que temíamos
não aconteceram
e outras enfrentamos com coragem.
Somos nosso próprio terapeuta!

"Se Deus é por nós,
quem será contra nós?"
(Rm 8,31b).

O amor
é uma força
na qual se acredita que alguém
está com você e o ama.
É o ingrediente essencial
da vida e de toda atividade.
O amor não tem idade.
A própria vida é uma escola
em que se aprende a amar
e ser amado.
Muitos falam e cantam sobre o amor,
mas vivê-lo com responsabilidade
é o desafio do dia a dia.
Oriente essa força sempre
para o bem e será feliz!

"O amor de Deus
foi derramado em nossos corações
pelo Espírito Santo que nos foi dado"
(Rm 5,5).

*T*oda pessoa
tem uma boca
e dois ouvidos
para que ouça o dobro do que fala.
De fato, ouvir é espontâneo,
mas "escutar" é diferente:
é dar atenção, tempo, compreensão.
Escutar os sons da natureza,
as vibrações da mente e do corpo
nos ajuda a escutar também
as pessoas,
tarefa igualmente importante no
convívio familiar e social.
Seja uma pessoa "boa de escuta"!

"Ouve, Israel! Shemá Israel!"
(Dt 6,4a).

*E*spiritualidade
é o modo como você vive sua fé
e se relaciona com Deus.
Ela se alimenta
de algumas fontes, como:
o sentido da presença e da ação
de Deus na história e em nossa vida;
a pessoa e a vida de Jesus Cristo;
a Bíblia; a Igreja.
Às vezes, temos receio de buscar
uma espiritualidade mais profunda,
pensando que este é um caminho
só para pessoas que gozam
de certos dons ou carismas.
Ao contrário,
a capacidade para viver a santidade
é dada a todos.

"A vontade de Deus
é que sejais santos"
(1Ts 4,3a).

A amizade sincera
tem a força de uma central elétrica:
faz brilhar a luz
da alegria onde há tristeza,
levanta o ânimo onde há depressão,
desperta gestos positivos,
acorda para uma vida mais plena.
Com razão dizia
o antigo escritor Cícero:
"Tirar a amizade da vida
é tirar o sol do mundo".
A amizade é o gesto que Deus utiliza
para exprimir seu amor.

"Amigo fiel é poderosa protecção:
quem o encontrou,
encontrou um tesouro"
(Eclo 6,14).

O caminho
dos vencedores
é sempre palmilhado
com esforço, suor e,
muitas vezes, com lágrimas.
Sabemos que a alegria da vitória
compensa qualquer sacrifício.
Somente pessoas corajosas,
constantes e decididas
chegam ao fim.
A perseverança
conquista a vitória.

★

"Reparai que proclamamos felizes
os que fizeram prova de constância"
(Tg 5,11a).

*V*ivemos
um tempo de excesso
de informações e falta de reflexão.
Meditar é uma atitude mais do
coração do que da mente.
É uma prática que precisa ser
exercitada para ser feita
com proveito.
A meditação nos ajuda
a tirar conclusões
e saborear palavras e gestos
que têm valor para a vida.
Meditar requer tempo, pausa,
escuta, contato com a natureza;
requer atitudes de sábio, que
aprende e aprofunda a verdade.

★

"Maria, porém, guardava
todas estas coisas,
meditando-as no seu coração"
(Lc 2,19).

"*Dá-me de beber*",
pediu Jesus à mulher samaritana.
Não era simplesmente
a água o que o Mestre desejava...
mas, seu cansaço, sua dor, sua raiva,
sua mágoa, seu pecado.
É verdade que Deus quer
o melhor para cada um de nós,
mas talvez esse "melhor" não
coincida com aquilo que esperamos.
Por isso, convido-o a desarmar-se
diante de Deus:
abandone nas mãos dele a sua dor
e o peso que carrega;
e que Deus faça o melhor para você.

"Vinde a mim,
todos vós que estais cansados
e carregados de fardos,
e eu vos darei descanso"
(Mt 11,28).

O gênio nos explica Deus, mas a bondade revela a sua presença.

A lagosta,
no primeiro ano de vida,
troca de casca sete vezes,
em razão de seu crescimento.
Se um crustáceo muda tanto assim
para melhorar sua existência,
também o ser humano
tem condições de transformar
suas atitudes.

★

"Não vos deixeis seduzir:
'As más companhias corrompem
os bons costumes'.
Voltai a viver na sobriedade..."
(1Cor 15,33-34).

ocê
já deve ter experimentado
alguma decepção com pessoas
e até com Deus.
Com as pessoas,
quando os limites humanos
as tornam vulneráveis;
com Deus, quando você pediu algo,
suplicou e nada aconteceu.
Talvez tenha lhe faltado o essencial:
"a entrega confiante
nas mãos de Deus Pai e Mãe!".

"Feliz o homem que põe no Senhor
sua esperança..."
(Sl 40,5).

"*Uma palavra*
de bondade aquece
o coração durante três invernos",
diz um provérbio chinês.
Como ser humano e filho de Deus,
você foi criado para abençoar
e nunca maldizer.
Abençoe tudo e todos:
as plantas, as flores, os frutos...
e, de modo especial, as pessoas.
Abençoe sempre e será abençoado!

★

"Abençoas o justo, ó Senhor;
como um escudo o cobre tua bondade"
(Sl 5,13).

É próprio
da pessoa sábia
não lamentar seu fracasso,
não se aborrecer
porque não foi vencedora.
O fracasso é a oportunidade
para reconhecer seus limites
e é onde o poder do amor de Deus
encontra espaço para agir.

★

"De bom grado,
me gloriarei
das minhas fraquezas,
para que a força
de Cristo habite em mim"
(2Cor 12,9b).

A calma
é uma atitude necessária,
especialmente na convivência
familiar e profissional.
Seu trabalho será mais eficiente
quando for acompanhado
por uma boa dose de calma,
mesmo que você seja uma pessoa
superatarefada e supersolicitada.

★

"Diz o Senhor:
'Na conversão e na serenidade
está a vossa salvação,
na calma e na confiança,
a vossa força' "
(Is 30,15).

*S*ão como
pepitas de ouro
os valores que o Criador
colocou em seu coração
e que almeja que se desenvolvam.
Você tem toda a vida
para que essas riquezas sejam
desfrutadas e partilhadas.
O amor é sempre
o maior de todos os valores.

"O vosso adorno não consista
em coisas externas,...
mas na personalidade que se esconde
no vosso coração,
marcada pela estabilidade
de um espírito suave e sereno,
coisa preciosa diante de Deus"
(1Pd 3,3-4).

*A*cordarmos
a cada manhã,
prontos para um novo dia,
a ser vivido com entusiasmo
e vitalidade, é um privilégio.
É motivo para agradecermos
a Deus pelo milagre da vida.
O desafio que cabe
a cada um de nós
é fazermos deste mundo
um lugar melhor para todos.
O mundo pode melhorar
porque existimos!

"Reine em vossos corações
a paz de Cristo...
E sede agradecidos"
(Cl 3,15).

Vivemos
numa sociedade
que supervaloriza o trabalho.
De fato, a vida sem o esforço diário
pode dar origem ao vazio existencial.
O trabalho, porém,
é sempre um meio;
e acima de qualquer lucro
está a dignidade da pessoa humana.
A realização pessoal encontra
seu espaço no trabalho
que dignifica e liberta o ser humano.
O ideal é que sejamos
todos "operários"
de um mundo mais solidário
e fraterno.

"Disse Jesus:
'Meu Pai trabalha sempre,
e eu também trabalho' "
(Jo 5,17).

*U*ma incumbência
da vida cristã
consiste em descobrir
o valor da Palavra de Deus: a Bíblia.
Da Palavra de Deus
originou-se o mundo.
Ainda hoje, ela suscita forças
incríveis de transformação.
A Palavra sagrada não envelhece,
e quem a escuta e a absorve assume
a força do próprio Deus.

★

"Lâmpada para meus passos
é tua palavra e luz no meu caminho"
(Sl 119,105).

*F*azer boas ações
é um investimento
que certamente renderá juros.
A vida passa rapidamente,
mas sempre há tempo para realizar
alguma coisa boa e útil.
Semear o bem é sempre
um trabalho imortal:
nós, e também outros,
poderemos colher os frutos.

★

"Não esmoreçamos na prática do bem,
pois no devido tempo
colheremos o fruto,
se não desanimarmos"
(Gl 6,9).

O controle
de nossas reações
é o caminho para evitar perturbações
emocionais ou físicas;
é o modo de assegurarmos
o equilíbrio da saúde.
Ao guardarmos ressentimento
contra alguém é como se injetássemos
no corpo e na mente um veneno
que amortece o sentimento do amor.
Saibamos perdoar,
como as ondas do mar,
que, passando sobre a areia,
retiram as "cicatrizes"
sem deixar vestígios.

"Suportai-vos uns aos outros...
e perdoai-vos mutuamente.
Como o Senhor vos perdoou,
fazei assim também vós"
(Cl 3,13).

*O*s anos
passam para todos.
Contudo, não envelhece
quem acredita no amor e na vida.
A beleza da vida consiste
em reinventá-la a cada dia,
isto é, vivê-la com alegria e coragem,
mesmo em meio às dificuldades.
Não se entregue à ideia
de que pouco pode fazer
porque os anos estão passando...
e a idade está avançando.

"Não desanimamos.
Mesmo se o nosso físico
vai se arruinando,
o nosso interior, pelo contrário,
vai-se renovando dia a dia"
(2Cor 4,16).

"*Humildade é a verdade*".
Talvez você já conheça esta frase.
Mas como é difícil ser humilde,
simples, sem pretensões
e disponível
na convivência do dia a dia.
Fazer-se pequeno, reconhecer a
total dependência de um Deus Amor
é a grande conquista
da maturidade cristã.
É a infância espiritual!

★

"Quem se faz pequeno
como esta criança,
esse é o maior no Reino dos Céus"
(Mt 18,4).

$\mathscr{A}$ busca da felicidade
é a motivação fundamental
de nossa vida.
Todos possuímos um forte senso
para amar e sermos felizes.
Cultive esse otimismo e pense:
"Existe bondade
em todas as pessoas;
depende também de mim contribuir
para trazê-la à tona".
Na vida, tudo tem um lado positivo,
se você souber encontrá-lo.

"Dou sempre graças a meu Deus
a vosso respeito,
por causa da graça que ele vos concedeu
no Cristo Jesus"
(1Cor 1,4).

*Toda pessoa
tem um potencial
de qualidades a ser descoberto:
nunca é tarde demais
para procurá-las.
Conhecer-se é um imperativo
para amar a si mesmo,
descobrindo suas possibilidades
intelectuais, volitivas,
afetivas, espirituais,
e procurando desenvolvê-las.
Só assim você será autêntico
e partilhará com outros a sua vida.*

★

"Sabedoria escondida e tesouro oculto:
qual a utilidade de ambos?"
(Eclo 20,32).

A vida
é o grande dom
que recebemos do Criador.
Jesus Cristo mostrou que,
a serviço da vida ou para promovê-la,
vale a pena lutar, sofrer
e até enfrentar a morte.
O mal pode ter
seus pequenos triunfos,
mas a última palavra pertence à vida.
Esta é a certeza que brota
da ressurreição de Cristo.

★

"É assim que eu conheço Cristo,
a força da sua Ressurreição
e a comunhão com seus sofrimentos..."
(Fl 3,10).

A cada dia
reafirme sua fé
em Deus Pai, que disse:
"Eu estou com você.
Não tenha medo".
Ele está sempre ao seu lado,
não à maneira de milagreiro,
que soluciona todos os problemas
por intervenção mágica.
Mas está presente
em sua caminhada,
em seu empenho pessoal e social,
para que, a partir dessa
presença divina, você tenha a força
e a coragem para agir.

"Eis que estou convosco todos os dias,
até o fim dos tempos"
(Mt 28,20b).

*C*ompreender
significa acolher
as pessoas com amor.
Vê-las além de sua própria opinião,
considerando-as
sob o ponto de vista delas.
Você entende
melhor as pessoas
quando procura observá-las
por aquilo que são
e não por aquilo que fazem para você.
Compreendendo os outros,
você os ajuda
a se conhecerem melhor.

"Senhor, dai a vosso servo
um coração obediente...",
assim rezou o rei Salomão
(cf. 1Rs 3,9).

*T*odo dia,
talvez,
você assista a algum
programa de televisão.
Entretanto, você também
é uma pequena TV
e tem seu público:
familiares, colegas de trabalho,
vizinhos...
Eles também elogiam ou criticam
suas atitudes,
como você faz diante da TV.

"O Senhor conhece todas as obras
do ser humano.
Não mandou ninguém agir como ímpio
e a ninguém deu licença para pecar"
(Eclo 15,20b-21).

A vida
é uma sucessão de dias
e noites, alegrias e tristezas.
Nas tristezas, não perca a esperança:
para todos os problemas
existe uma solução.
Abra seu coração à esperança
e terá iniciado o caminho
para resolver os problemas.
A esperança não é ainda a solução,
mas é a luz que ilumina
a estrada a percorrer.

★

"Esperei firmemente no Senhor
e ele se inclinou para mim,
atendendo a minha súplica"
(Sl 40,2).

Procure
viver bem o dia de hoje.
Aquele que vive bem
o tempo presente
está, a cada dia, abrindo as portas
para a felicidade do amanhã.
O hoje bem vivido
é a pedra firme e sólida
sobre a qual você construirá
todos os amanhãs da vida.
E o bem é sempre o melhor
fundamento na construção do futuro.

★

"Faz bem a sua alma
quem é misericordioso...
O desejo dos justos é tudo o que é bom"
(Pr 11,17 e 23a).

A família unida
é sempre o "time"
mais forte
e organizado.

A vida
é um caminho
de sombras e luzes.
O importante é saber vitalizar
as sombras e aproveitar a luz.
Muitas pessoas preocupam-se
em viver muitos anos,
e não em viver bem,
quando na realidade não depende
totalmente delas viver muito,
mas sim viver bem.

"Não vivais preocupados
com o que comer, quanto à vida...
Quem dentre vós pode,
com sua preocupação,
acrescentar um só dia
à duração de sua vida?"
(Lc 12,22b e 25).

Não tenha receio
dos grandes problemas
ou dos grandes empreendimentos.
Quem está acostumado a resolver
os pequenos revezes
e os pequenos trabalhos
resolverá também os grandes.
Hoje, o mundo tornou-se perigoso,
justamente porque as pessoas
aprenderam a dominar a natureza
e a tecnologia antes de treinar
o domínio de si mesmas.

"É melhor o paciente que o valente;
quem domina a si mesmo vale mais
que o conquistador de cidades"
(Pr 16,32).

Hoje,
você acordou para mais um dia.
Pode transformá-lo num dia criativo,
satisfatório, alegre;
ou pode torná-lo uma tarefa
desagradável e triste,
uma perda de tempo.
Pode também ser um dia de rotina,
como todos os outros.
Mas a diferença é que você
pode viver esse dia
com entusiasmo e determinação,
como um dos melhores de sua vida.
Faça sua opção!

"É agora o momento favorável,
é agora o dia da salvação"
(2Cor 6,2b).

*S*aiba sorrir.
Os profissionais da saúde garantem
que a risada movimenta 17 músculos,
relaxa o corpo inteiro,
libera endorfina, reduz a dor.
Por esse motivo,
o senso de humor
é um ingrediente importante
para combater o estresse.

★

"Um coração contente alegra o rosto;
com a tristeza, o espírito se abate".
"Ânimo alegre faz florescer a saúde;
espírito abatido seca os ossos"
(Pr 15,13; 17,22).

Angustiar-se
ou queixar-se diante
dos problemas atuais
de violência, insegurança, corrupção,
guerras e outros mais,
não ajuda a resolvê-los.
As chagas de uma sociedade
são apelos que indicam
onde é preciso aplicar o remédio.
Coragem!

★

"Tu, ó Senhor, és a minha defesa.
Do Senhor é a salvação.
Sobre o seu povo desça a sua bênção"
(Sl 3,4a e 9).

*T*odos desejamos
ter algum poder:
econômico, político,
ou poder nas palavras,
poder de liderança e de decisão.
Mas a Bíblia nos mostra que
"forte é quem confia em Deus"
e fraco é quem confia só em si mesmo.

★

O Senhor disse a Paulo:
"Basta-te a minha graça;
pois é na fraqueza
que a força se realiza plenamente"
(cf. 1Cor 1,25).

*O*s rios e os mares
são a soma de milhares e milhares
de gotas de água.
A força dos rios e cascatas
está nesta soma.
Assim somos nós:
isolados como gotas d'água;
somos fracos, mas quando unidos,
temos a força para a conquista
de muitos valores.
Este é o segredo: a união.
Demo-nos as mãos, colaboremos
e o sucesso acontecerá.

No início do cristianismo,
"a multidão dos fiéis era um só coração
e uma só alma...
e sobre todos eles multiplicava-se
a graça de Deus"
(At 4,32a-33b).

A vida é uma viagem:
depois de longa caminhada,
precisamos de uma recauchutagem,
de uma renovação,
de novas fontes de vida.
Você andou em busca de novas
condições de vida;
você trabalhou, você sofreu...
Pode até ter chegado à última lona...
como um pneu gasto
pelos atritos do caminho.
O que você precisa são novos rumos,
novos valores.
Coragem! Não desista nunca.
A vitória pertence aos que lutam.

"Sede firmes, inabaláveis,
progredindo sempre na obra do Senhor,
certos de que vossas fadigas não são em
vão, no Senhor"
(1Cor 15,58).

Você
já pensou na lealdade
de seu espelho?
Ele não engana nem disfarça:
mostra como você está.
Ele revela, dialoga,
mas não o agride...
Ele manifesta o que reflete,
sem enganos, sem falsidades.
A vida seria tão diferente
se todos refletíssemos
a serenidade e a paz
em nossos relacionamentos.

Disse Jesus: "Seja o vosso sim, sim,
e o vosso não, não"
(Mt 5,37).

Há pessoas
que vivem preocupadas
com o dia de amanhã.
Mas o segredo do sucesso
está em viver bem
o momento presente.
Quem procura viver o presente
com otimismo, coragem e fé
está dando chance para que o futuro
lhe seja uma porta aberta ao
sucesso, à felicidade.
A segurança do futuro está na boa
semente que plantamos hoje.

"Vosso Pai que está nos céus sabe
que precisais de tudo isso.
Não vos preocupeis
com o dia de amanhã...
a cada dia basta o seu mal"
(Mt 7,32b-34).

Todo rio
corre por um leito até atingir o mar.
E as águas, para se conservarem
limpas, devem correr...
porque água parada é charco, é brejo.
Assim acontece conosco:
é buscando a verdade
que a encontramos;
é estendendo o braço
que ajudamos os outros;
é saindo do nosso egoísmo
que nos tornamos mais humanos,
mais cristãos.

"Senhor, dirige-me na senda
dos teus mandamentos,
porque neles está minha alegria.
Inclina meu coração
para teus testemunhos
e não para a avareza"
(Sl 119,35-36).

*F*alar é fácil;
dizer a palavra certa na hora certa
é difícil.
E mais difícil ainda
é viver aquilo que se diz.
Contudo, para atingirmos o coração
de quem nos escuta,
o único caminho é este:
sermos testemunhas
das palavras que dizemos.
É por isso que o mundo
não vai tão bem:
há mais faladores
que fazedores do bem.

"Cada um deve ser pronto para ouvir,
mas lento para falar e lento
para se irritar.
Sede praticantes da Palavra,
e não meros ouvintes..."
(Tg 1,19 e 22).

A humanidade
segue por dois caminhos:
um é o dos heróis,
das pessoas que souberam viver
seus valores humanos e cristãos.
Outro caminho é o das pessoas
medíocres, egoístas,
que nada semearam na vida.
Cada um de nós
tem estas duas possibilidades.
Cabe a nós escolher.
No início de cada dia tome a decisão:
quero ser uma pessoa responsável
ou um medíocre?

"Hoje eu te proponho a vida
e a felicidade, a morte e a desgraça.
Se obedeceres aos preceitos
do Senhor... ele te abençoará..."
(Dt 30,15-16).

Todos
temos a possibilidade
de cometer algum erro.
A fragilidade humana
nasce e morre conosco.
E, com a fraqueza de cair,
temos também a força de levantar,
dar a volta por cima do erro
e sermos melhores que antes.
Errar é humano,
mas teimar no erro
é autossuficiência, é ignorância.

★

"Nem tudo está ao alcance
da humanidade,
pois o ser humano não é imortal"
(Eclo 17,29).

Ano após ano,
tudo passa na vida.
E tanta coisa errada do tempo
que passou se repete:
violência, roubo, tristeza, corrupção...
Tudo é novo e ao mesmo tempo
tão antigo.
Contudo, há também coisas boas
que se renovam,
bondade que se revela,
solidariedade que acontece...
Nem tudo é tão ruim
nem tão bom sempre.
São coisas da vida!

"Precisais deixar
a vossa antiga maneira de viver
e despojar-vos do homem velho...
Precisais renovar-vos...
e vestir-vos do homem novo..."
(Ef 4,22 e 24).

Em geral,
quem anda muito ocupado
costuma encontrar tempo
para mais um favor,
para liderar mais uma iniciativa,
assumir mais um compromisso,
escutar um amigo ou socorrer
algum necessitado.
Isso vem confirmar o ditado:
"Quando você precisar
de alguma coisa,
peça-a ao amigo mais ocupado".
Tempo é questão de preferência.

"Tudo tem seu tempo.
Há um momento oportuno para cada
coisa debaixo do céu:
tempo de nascer e tempo de morrer;
tempo de plantar
e tempo de arrancar o que se plantou..."
(Ecl 3,1-2).

*N*inguém gosta de envelhecer.
Mas as pessoas envelhecem
prematuramente
quando adquirem certos costumes,
como:
aborrecer-se à toa,
por pequenos revezes;
curtir complicações;
ser um eterno pessimista;
imaginar perigos em toda parte;
desinteressar-se pelas coisas novas
e progressos da atualidade.
A juventude não está na idade;
é uma atitude da pessoa otimista,
alegre e que tem fé.

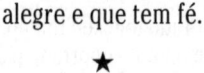

"O ciúme e a raiva abreviam os dias,
como a preocupação traz a velhice antes
do tempo"
(Eclo 30,6).

*D*esde
que o mundo é mundo,
sempre existiu a marca
do bem e do mal.
Temos de conviver com
o "trigo e o joio" crescendo juntos.
O que é preciso evitar
não é a convivência,
mas sim a conivência com o mal,
sem abrir mão da luta pelo bem,
pela verdade, pela justiça e pela paz.
Convivência, sim; conivência, não!

"Feliz quem não segue conselho
dos maus...
mas na lei do Senhor encontra
sua alegria
e nela medita dia e noite"
(Sl 1,1-2).

*D*iz a sabedoria chinesa:
"Não se pode andar
contemplando as estrelas
quando se tem uma pedra no sapato".
Pedras são os hábitos negativos.
No entanto, é o positivo
que constrói a vida:
ame a vida,
exercite sua capacidade de amar
e dedicar-se aos outros,
cultive bons costumes,
favoreça um clima de alegria
ao seu redor,
sendo você o primeiro a sentir-se feliz.

"Coração bondoso é vida
para o corpo,
enquanto a inveja é cárie nos ossos"
(Pr 14,30).

odos
desejam ser livres.
Contudo, a maioria ama as grades
de sua própria prisão.
Ninguém pode julgar-se vacinado
contra as opiniões alheias.
A liberdade interior é uma conquista,
própria da pessoa adulta
e responsável.
Ademais, se tiver Cristo libertador
como centro de sua vida,
fique tranquilo,
você conquistará
a plena liberdade interior.

"Onde está o Espírito do Senhor,
aí está a liberdade"
(2Cor 3,17b).

*S*ó há verdadeira comunicação
quando você transmite o que é
e acolhe o outro sem querer
dominá-lo.
Comunicação é partilha, é diálogo,
é relacionamento.
Vivida assim, a comunicação leva
à verdade,
constrói a fraternidade.

"Se permanecerdes em minha palavra,...
conhecereis a verdade,
e a verdade vos tornará livres",
disse Jesus
(Jo 8,31-32).

Enquanto houver diálogo, haverá possibilidade de solução para os problemas.

A inteligência
precisa nutrir-se de boas ideias.
Contudo, sua vida não melhora
somente com o que se aprende,
e sim com o que você coloca em
prática daquilo que aprendeu.
As boas intenções, por si,
não mudam a vida de ninguém.
Os ideais tornam-se realidade
somente quando conseguimos
concretizá-los.
É bem verdade que
"cem gramas de bons hábitos
valem mais que um quilo
de inteligência".

"Quem ouve estas minhas palavras
e as põe em prática
é como um homem sensato,
que construiu sua casa sobre a rocha"
(Mt 7,24).

*H*oje, para quase tudo
temos de pagar um preço.
Mas, se analisarmos bem,
ainda existem coisas muito boas
que são e continuarão a ser gratuitas:
o ar que respiramos,
a amizade verdadeira,
o sol que aquece, o mar,
o canto dos pássaros,
as flores, o encanto da lua,
o brilho das estrelas,
a água das fontes e da chuva,
a oração de alguém,
o amor das pessoas.
Alegre-se! Ainda existe gratuidade.

"Nisto consiste o amor:
não fomos nós que amamos a Deus,
mas foi ele que nos amou...
Nós amamos,
porque ele nos amou primeiro"
(1Jo 4,10 e 19).

*S*er comunicativo
é próprio do ser humano.
Comunicar é aproximar as pessoas,
cultivar o diálogo, deixar que os outros
exponham seu parecer,
discutir os problemas,
participar nas decisões.
São todas as formas positivas
de comunicação.
É a partir dessas atitudes
que você está apto a usar também
os meios de comunicação social
em benefício da fraternidade
e do Reino de Deus.

"O coração do sábio
ensina a sua boca
e a seus lábios acrescenta a instrução.
Palavras gentis são um favo de mel,
doçura para a alma
e saúde para o corpo"
(Pr 16,23-24).

O caminho
para a confiança
plena em Deus
só é percorrido quando o coração
se abre para o amor.
Olhe para o Filho de Deus
crucificado
e contemple o grande amor que o
levou a dar sua vida por nós.
Como pode ele não estar do nosso
lado, a nosso favor,
se já deu sua vida para nos salvar?

"Ninguém tem amor maior
do que aquele que dá a vida
por seus amigos.
Vós sois meus amigos,
se fizerdes o que eu vos mando"
(Jo 15,13-14).

Às vezes
achamos que certos sofrimentos,
na vida pessoal ou familiar,
são simplesmente inúteis.
Julgamos até como absurdos
certos acidentes
ou perdas de pessoas queridas,
dado que não conseguimos entendê-los
ou seu sentido ultrapassa
nossa crença enfraquecida.
Mas o que acontece pode ser um apelo
para renovarmos
nossa fé e confiança em Deus.

"Sabemos que tudo contribui
para o bem daqueles
que amam a Deus..."
(Rm 8,28).

*M*uitos se perguntam:
como posso orar
se tenho tão pouca saúde;
se minha vida familiar
ou profissional
me impede de organizar
um tempo para a oração?
Vive-se, às vezes, na ilusão de que,
se as circunstâncias mudassem,
a vida seria melhor.
Mas não são as coisas exteriores
que devem mudar e sim o coração.
Tempo para rezar
é questão de amor... a Deus.

"O Senhor é o meu pastor,
nada me falta"
(Sl 23,1).

Muitas vezes
Deus se serve
de nossa fraqueza
para multiplicar seus favores
em nosso proveito.
Por isso, não convém maldizer
sua situação
quando o sofrimento o atingir;
antes, agradeça a oportunidade
que tem de exercer a súplica
a quem pode mudar as
circunstâncias.

"Ao sair do barco,
Jesus viu uma grande multidão.
Encheu-se de compaixão por eles
e curou os que estavam doentes"
(Mt 14,14).

A família
é o espaço em que se treinam
as virtudes do amor,
do companheirismo,
do diálogo, da colaboração.
Muitos pais se preocupam
em proporcionar aos filhos
roupas novas, a melhor escola,
calçado da moda...
E se esquecem, porém, de dar afeto,
carinho, ensinar boas maneiras,
dar estímulo e testemunho do bem.

" Pais, educai vossos filhos
com uma pedagogia inspirada
no Senhor"
(cf. Ef 6,4b).

$\mathcal{P}$ara estar sempre alegre
ou, pelo menos, para viver
com serenidade,
é importante ocupar a mente
com pensamentos positivos,
verdadeiros, honestos,
com tudo o que é justo.
Lembre-se: você é o que pensa.

★

"Não entregues tua alma à tristeza
e não aflijas a ti mesmo
com tuas preocupações.
A alegria do coração
é a vida da pessoa,...
e a alegria da pessoa
prolonga-lhe a vida"
(Eclo 30,22-23).

*S*eja solidário
para com as pessoas mais
necessitadas.
Quem se dispõe a ajudá-las
ou fazer coisas de maneira gratuita,
terá a agradável surpresa de receber
de volta o que fez por amor.

★

"Quem se compadece
do pobrc empresta ao Senhor,
que lhe restituirá o equivalente"
(Pr 19,17).

O mundo
pode ser comparado a uma grande
sala de projeção.
Uns julgam os outros através
de prismas pessoais.
Quem é bom reflete
sua imagem positiva nos outros;
quem não é bom
reflete sua maldade.
Sobre o próximo projetamos
a imagem de nosso EU:
luz ou sombra.
A responsabilidade
é de cada um de nós.

"Não julgueis e não sereis julgados...
perdoai e sereis perdoados"
(Lc 6,37).

"*Errar é humano*",
diz o provérbio.
Não existe nenhuma pessoa
que não tenha cometido erros.
O importante é perceber
a nossa reação diante deles.
Saiba que muitas pessoas
venceram na vida
a partir do proveito que tiraram
de seus próprios erros.

★

"Senhor, venha a mim tua misericórdia
para eu reviver,
e minhas delícias serão tua lei"
(Sl 119,77).

Ninguém
deve carregar sozinho
a cruz do sofrimento:
antes de nós, Jesus Cristo
passou por solidão,
abandono dos amigos,
incompreensões, lesões físicas.
Ele carregou sobre si também
nossas tristezas e decepções.
Mas não se sentiu vítima
de ninguém.
Acolheu o sofrimento
para transformá-lo
em fonte de amor.

"Suportai-vos uns aos outros e...
perdoai-vos mutuamente.
Como o Senhor vos perdoou,
fazei assim também vós"
(Cl 3,13).

O ser humano
pensante muitas vezes
se interroga:
o que é a vida para mim?
Que sentido tem minha vida?
A pessoa consciente não quer ser
um sobrevivente com máscara de vivo.
É importante descobrir que a vida
é uma existência com os outros;
que o amor e a solidariedade dão
a dimensão do sentido por que se vive;
e a melhor maneira de ser feliz é
contribuir para a felicidade dos outros.

"Cultivai o amor mútuo,
com todo o ardor,
porque o amor cobre
uma multidão de pecados.
Sede hospitaleiros...
Cada um coloque à disposição
dos outros o dom que recebeu"
(1Pd 4,8-10).

Você já fez alguma
"experiência de Deus"?
Não pergunto isso
pelo conhecimento que tem sobre
a doutrina, as leis de Deus...
mas como você vive seu
relacionamento com aquele que é a
fonte de toda vida, seu Criador e Pai.
Experiência de Deus
não é estar rezando a toda hora,
mas viver em sintonia com ele;
é sentir-se filho amado por este Pai;
é interpretar a vida,
os acontecimentos a partir da fé.

"Eu vivo, mas não eu:
é Cristo que vive em mim.
Minha vida atual na carne,
eu a vivo na fé, crendo no Filho de Deus,
que me amou e se entregou por mim"
(Gl 2,20).

*C*ada pessoa
tem uma vocação a realizar na vida,
vocação esta diferente no modo
de concretizá-la
mas com o mesmo objetivo:
colocar seu tijolo,
ainda que humilde e modesto,
na construção de um mundo
mais humano e feliz.
Se não pudermos
ser o sol que ilumina,
sejamos ao menos uma pequena luz,
clareando a vida do próximo.
Enquanto iluminamos os outros,
cresce a nossa luz pessoal.

"Sois luz no Senhor.
Procedei como filhos da luz.
E o fruto da luz é toda espécie
de bondade e de justiça e de verdade"
(Ef 5,8b-9).

Às vezes,
quando estamos doentes,
achamos que é Deus
quem nos envia a doença.
Engano! O Criador nos quer saudáveis.
Muitas são as causas do mal
que a natureza,
quando desumanizada, pode provocar.
Ame e respeite a vida,
defenda a ecologia:
a beleza que existe no mundo
é a sombra de Deus sobre o universo.

No princípio,
Deus criou o céu e a terra...
E Deus viu... que era bom...
Criou o ser humano à sua imagem...
E achou que era muito bom
(cf. Gn 1,1 e 31).

*T*oda pessoa humana
tem uma vocação fundamental
para o amor.
Mas a vivência do amor
é uma conquista de cada dia:
ajudar alguém, escutar o outro,
ir ao encontro de quem precisa de nós,
este é o caminho da "amorização".
E a qualidade do amor
faz a qualidade de nossa vida.

★

"Filhinhos,
não amemos só com palavras
e de boca,
mas com ações e de verdade"
(1Jo 3,18).

*H*á milhares de anos,
armazenam-se
nos livros o saber humano.
Os livros bons
são como amigos disponíveis
para aumentar a cultura,
descobrir novas ideias,
proporcionar assuntos
de reflexão e meditação.
O bom livro é o amigo fiel
que faz companhia
no tempo de solidão
e anima sem adulação.

"Paulo, na prisão,
pede a seu discípulo Timóteo:
'Quando vieres, traze contigo a capa...
e os livros, sobretudo os pergaminhos'"
(2Tm 4,13).

É normal,
para quem está enfermo,
ter a sensação de que está só,
longe dos familiares e dos amigos.
Lembre-se: nunca está só
quem acredita em Deus.
Ele está aí perto de você, é seu amigo
e lhe dá força e coragem.
Como o sol que nunca deixa de brilhar
mesmo que as nuvens o encubram,
assim é Deus:
tenha certeza, ele está com você.
Ele é maior que sua fragilidade!

"O Senhor é minha luz e minha salvação;
de quem terei medo?
O Senhor é quem defende a minha vida;
a quem temerei?"
(Sl 27,1).

Toda criança
é simples e sincera;
não tem complexos nem
fingimentos.
Não tem maldade
nem artifícios maliciosos.
Escute a criança:
muitas vezes ela tem a sabedoria
das coisas simples.
E de você ela espera,
só e sempre, o bem.

Disse Jesus:
"Deixai as crianças virem a mim
e não as impeçais..."
(Lc 18,16).

*F*utebol, política e religião
são assuntos que não se discutem.
Cada um de nós tem seu time,
suas crenças,
que devem ser respeitados.
Mas, na defesa dos valores radicados
no ser humano,
todas as forças devem ser integradas
e colocadas a serviço da vida.

★

"Examinai tudo e guardai
o que for bom"
(1Ts 5,21).

$\mathscr{A}$ essência de Deus
não é o poder, mas o amor.
Assim é o ser humano, assim é você:
foi criado para amar e ser amado.
A sua busca pela felicidade
é a expressão
dessa tendência fundamental.
Sinta-se feliz ao tomar consciência
desse apelo
que habita em seu coração
e de se sentir vulnerável
e cheio de compaixão
diante do sofrimento do próximo.

"Ao ver as multidões,
Jesus encheu-se de compaixão por elas,
porque estavam cansadas
e abatidas..."
(Mt 9,36).

*P*ara ser feliz
e deixar felizes os que morrem,
procure conscientizar-se
de que eles passaram
para outra dimensão da vida.
Apenas deixaram
esta existência terrena
para continuar vivendo em Deus,
que é eterno.
A vida não lhes foi tirada,
mas transformada.

★

"A piedade é útil para tudo,
pois tem a promessa
da vida presente e da futura"
(1Tm 4,8b).

$\mathcal{C}$ada um de nós,
como filho de Deus,
tem sua luz própria.
Não é preciso apagar
a luz dos outros
para que a nossa possa brilhar.
O testemunho de vida
e o amor-caridade
são os faróis que, humildemente,
nos iluminam,
mesmo em noites escuras.

★

"Procedei como filhos da luz.
E o fruto da luz é toda espécie
de bondade, de justiça e de verdade"
(Ef 5,9).

*V*ocê deseja
que alguém de sua família
ou algum amigo mude de atitude
ou o modo de agir?
Lembre-se de que,
para reabilitar uma pessoa,
nada melhor do que amá-la
e aguardar
o momento propício.
Só o amor tem o poder de mudar.

★

"O amor é paciente;... não é invejoso...
Ele desculpa tudo, crê tudo,
espera tudo, suporta tudo"
(1Cor 13,4a e 7).

O passado já não existe;
o futuro ainda está por acontecer.
O tempo presente é o maior tesouro
que você possui.
Viva-o de modo consciente,
sinta sua presença naquilo que faz,
acompanhe com o pensamento
a ação de suas mãos.
Este é o grande segredo da vida
sem dispersão,
sem desgaste exagerado.
Viva o "agora" de modo consciente
e com o coração calmo,
para fazer bem todas as coisas.

"Não fiqueis ansiosos
com o que comer ou beber.
Não vos inquieteis!
Buscai, pois, o Reino de Deus
e essas coisas vos serão dadas
por acréscimo"
(Lc 12,29 e 31).

Globalizar...
globalizar...
é a palavra que se tornou "sistema"
em nossa sociedade.
Que pena! Esqueceu-se da justiça:
essa é que deve ser globalizada
para o bem comum e a paz universal.
A justiça que reconhece
os direitos e os deveres
e que começa em casa, com a família,
irradia-se na comunidade
e entre os povos.
E só a força do amor transforma
a vida das pessoas
e o relacionamento entre os povos.

"Quem semeia a justiça
terá recompensa condigna"
(Pr 11,18b).

Para ser feliz,
abençoe sempre todas as pessoas,
quer sejam boas ou não.
Fomos criados para abençoar
e não para maldizer.
Deus mesmo
nos deu a fórmula da bênção:

★

"O Senhor te abençoe e te guarde.
O Senhor faça brilhar
sobre ti sua face,
e se compadeça de ti.
O Senhor volte para ti
o seu rosto e te dê a paz"
(Nm 6,24-26).